MARIA DERAISMES

LE

THÉATRE DE M. SARDOU

CONFÉRENCE

FAITE LE 21 JANVIER 1875, A LA

SALLE DES CAPUCINES

PARIS

E. DENTU, ÉDITEUR

PALAIS-ROYAL, 17 ET 19, GALERIE D'ORLÉANS

1875

MARIA DERAISMES

LE

THÉATRE DE M. SARDOU

CONFÉRENCE

FAITE LE 21 JANVIER 1875, A LA

SALLE DES CAPUCINES

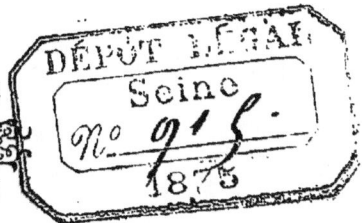

PARIS

E. DENTU, ÉDITEUR

PALAIS-ROYAL, 17 ET 19, GALERIE D'ORLÉANS

1875

LE

THÉATRE DE M. SARDOU

Messieurs, Mesdames,

Avant de commencer, je tiens absolument à vous dire que si j'ai pendant près de cinq ans gardé le silence, ce n'était ni par indifférence, ni par découragement, ni par pusillanimité ; mais simplement parce qu'une bronchite aiguë m'interdisait de parler en public. Sans cet impérieux motif, la conférence que vous allez entendre ce soir, je vous l'eusse faite en 1872, à l'apparition d'une certaine pièce dont je vais bientôt avoir à vous entretenir.

Si j'ai choisi, pour sujet, le *théâtre de M. Sardou,* c'est que M. Sardou est l'auteur de *Rabagas,* et que ce seul titre l'a recommandé spécialement à mon attention. En outre, dans ces derniers temps,

M. Sardou s'est plaint amèrement de n'être point compris du public français. Et je tiens à honneur de lui prouver qu'il est dans l'erreur ; qu'il a tort ; que le public français le comprend parfaitement, au contraire, qu'il sait tout ce qu'il vaut, et qu'il l'apprécie à sa juste valeur.

D'ailleurs, cette étude, je pense, ne doit pas manquer d'intérêt. M. Sardou est une personnalité curieuse à examiner. Il est, incontestablement, un des fournisseurs, des pourvoyeurs de théâtre les plus achalandés. Naguère, on a beaucoup vanté la fécondité de Scribe, mais je ne crois pas trop m'avancer en prétendant que M. Sardou l'a encore dépassée. Car Scribe a écrit beaucoup de ses pièces en un et deux actes ; tandis que M. Sardou les a produites de quatre et de cinq. Ce qui ne revient pas à dire que M. Sardou a remplacé Scribe avec avantage mais davantage. Il y a là une toute petite nuance.

Non-seulement, il travaille pour Paris, la province, l'étranger, mais encore il fait l'exportation. Et lorsque ses produits ne trouvent pas sur les marchés européens des acquéreurs suffisants, il leur fait passer la mer et expédie ses colis littéraires dans cet autre monde, appelé l'Amérique. Il a ses agences, ses placiers, ses hum-bog ; c'est un littérateur industrieux et industriel : il confectionne avec célérité, mais, par exemple, ne livre pas toujours avec *exactitude*.

Maintenant, comme il est impossible de juger d'un auteur, de la valeur de ses œuvres, de la légitimité de ses succès, sans s'enquérir, au préalable, de la nature de son milieu, de la disposition des esprits et des passions et des opinions du moment, vous me permettrez de m'élever à des considérations générales, et de jeter d'abord un coup d'œil rapide sur notre théâtre actuel ; préliminaires sans lesquels nous ne pourrions exercer qu'une critique superficielle et sans portée.

Nous dirons donc que le théâtre est un département de la littérature ; et que la littérature, nul ne le conteste, subit toujours l'influence de l'état social d'où elle émerge ; elle est l'expression de ses croyances, de ses principes, de sa législation et de ses mœurs. Pour elle, la Société est une sorte de moule où elle vient prendre forme et façon. Et de tous les modes littéraires, le théâtre est celui qui en reçoit le plus directement l'empreinte. La poésie peut s'en affranchir dans une certaine mesure. Grâce à son vol audacieux, comme dit le poëte, elle peut s'élever au-dessus du temps, anticiper sur l'avenir, entrevoir des horizons nouveaux et atteindre parfois le niveau de la prophétie. Mais il n'en est pas de même pour le théâtre, il n'est pas le lieu des innovations et des initiatives ; nous aurons bientôt l'occasion de dire pourquoi.

Donc, si la littérature et le théâtre, en particulier, subissent l'influence de leur milieu social, pour plus amples renseignements, examinons notre Société, sachons où elle en est.

Nous établirons d'abord, en thèse générale, que toutes les fois qu'un système politique et dogmatique a régi une société pendant des siècles, qu'il a conséquemment développé jusqu'à éclosion complète les germes bons et mauvais qui étaient en lui, il arrive un instant où la sève est à sa fin ; alors la période d'épuisement commence et le théâtre caractérise le mieux cet état de débilité.

Ce n'est point un déclin national, comprenez-le bien, ce n'est que le déclin d'une forme sociale ; ce n'est point un abaissement des intelligences, c'est une extinction de matériaux ; le feu s'éteint faute de combustible. Ce cas désagréable est le nôtre. Nous sommes dans une passe de transformation, où tout en convoitant un autre ordre de choses, nous vivons encore dans l'ancien. Or, pour reprendre vigueur, énergie, éclat, fécondité, il nous faut l'introduction d'éléments nouveaux. Autrement dit, des réformes.

Car, chaque avénement d'un monde soit religieux, soit politique, soit social, fait révolution dans les beaux-arts aussi bien que dans les idées. Des institutions plus conformes aux exigences du temps, des réformes dans l'enseignement, dans l'administration même, mais avant tout la révision d'un Code, exercent sur la société une action puissante. La révision d'un Code à elle seule, ouvre une voie inexplorée aux lettres ; elle amène une nouvelle interprétation des choses, des changements dans les rapports des individus entre eux, des déplacements de droits et de devoirs qui nécessairement modifient les caractères, les opinions et par conséquent les actes.

Mais, me dira-t-on, qu'aura donc à gagner le théâtre à ces mouvements sociaux? Ne roule-t-il pas perpétuellement sur un fonds de passions : l'amour, la jalousie, l'avarice, l'ambition, la vengeance, qui sont toujours les mêmes à toutes les dates et sous toutes les latitudes. Oui, à toutes les époques et partout ces passions sont identiques, mais elles s'agitent dans d'autres circonstances et dans d'autres conditions, de telle sorte, qu'invariables intrinsèquement parlant, elles sont variables dans leurs façons de se traduire et de s'exprimer. Et, d'ailleurs, nous ne faisons ici mention que des passions fondamentales basées sur nos besoins et nos instincts les plus directs et les plus impérieux. Au dessous d'elles, n'y a-t-il pas toute une série d'idées et de sentiments susceptibles de se modifier à l'infini? Et ne serait-ce pas s'inscrire en faux contre l'histoire, que de prétendre que les hommes ont toujours senti et pensé de la même manière dans tous les temps? Soutiendrions-nous que les philosophes de l'antiquité portaient sur l'esclavage les opinions que nous émettons aujourd'hui à ce sujet? Soutiendrions-nous jamais que les chevaliers de la féodalité étaient semblables aux chevaliers Romains? Soutiendrions-nous aussi que les femmes de nos premières classes iraient de nos jours sur un champ de lutte, plaisanter les particularités physiques des cadavres de leurs ennemis? Assisterions-nous à des auto-da-fé, à des supplices comme à des fêtes?

Donc, notre histoire des sociétés a ses époques littéraires, comme l'histoire de l'univers a ses époques de la nature. Et ces époques littéraires ne sont que les diverses manifestations intellectuelles d'une certaine forme de civilisation. Et ces manifestations ont, entre elles, des caractères tranchés opposés; car, non seulement, il y a opposition de climat, de race, mais opposition de doctrine. Le monothéisme, le polythéisme, le christianisme fournissent donc chacun un spécimen littéraire absolument original. Mais ces grandes époques, qui comprennent souvent des milliers de siècles, se divisent à leur tour en périodes plus ou moins étendues. Ainsi l'ère chrétienne qui, seule, peut nous intéresser ici, puisque nous y sommes encore, fournit, à elle seule : la barbarie qui se christianise, le moyen âge, la renaissance et l'avénement du libéralisme, correspondant pour nous à la révolution française. Eh bien ! ces périodes se subdivisent chacune en étapes d'un espace encore plus restreint ; et ces périodes et ces étapes marquent les degrés divers de l'évolution qu'accomplit le principe dirigeant. C'est le déroulement du système entier dans toutes ses conséquences, ses manières d'être, ses variations. Et les unes et les autres de ces stations offrent une littérature particulière parfaitement distincte du reste par sa couleur, sa nuance, sa note.

Et si cette définition ne vous semble pas claire, je vais l'élucider par un exemple. Prenons à partir du 1er empire, fasse le ciel que nous n'en ayons pas un troisième : *numero Deus impare gaudet*, ce qui réjouit Dieu, il paraît, ne réjouit pas toujours les hommes. Passons. Donc, à partir du 1er empire, la révolution est accomplie ; l'égalité civile est proclamée. Dorénavant, nous marcherons sous la même enseigne, avec la même étiquette, la même formule pendant soixante-dix ans. Sauf un interrègne insignifiant, nous aurons un roi ou un empereur, une constitution et plafonnant sur le tout, le catholicisme. Ce qui n'empêchera pas que cette quasi-uniformité ne soit fréquemment rompue par des différences, des particularités qu'accuse nettement le théâtre. Sous Napoléon Ier, le militarisme est à son apogée, il règne sans partage; la flatterie lui est déversée à pleine main et à pleine bouche. Tous les héros de comédie sont colonels ou sergents-major, suivant le milieu dans lequel se dénoue l'action. Dès que l'uniforme paraît, il évince les amoureux de tous calibres; le pékin passe au large. L'avocat soupirant n'a plus qu'à pleurer dans sa serviette, et le négociant, piteux et déconfit, qu'à retourner à son grand livre; c'est le triomphe du sabre : la force prime le droit. Aux environs de 1830, un mouvement d'émancipation agite le théâtre; on veut s'affranchir désormais des règles des classiques, on a assez des Grecs et des Romains et du dix-huitième siècle qui a adopté leur méthode. On veut pour l'art scénique des origines plus nationales, conséquemment plus récentes. Enfin, c'est l'expression du romantisme.

Bientôt le roi-citoyen occupe le trône : bouquet de lilas à la boutonnière, parapluie en main en cas d'orage, ce qui ne l'a pas préservé de celui de 48. La Bourgeoisie lui fait cortége, elle trouve son chantre dans Scribe. Vite le théâtre joue sur une autre corde. Petites prétentions, petites visées, petits calculs. 10,000 francs de rentes sont encore tenus en grande estime. Le jeune premier est médecin, avocat ou clerc de notaire. Les ingénues rougissantes et timides jusqu'à la gaucherie, les veuves coquettes, vertueuses et sensibles font les beaux jours du Vaudeville et du Gymnase. On chante les douceurs de l'hyménée, on se marie sur l'air *T'en souviens-tu*. Mais surviennent les chemins de fer; alors souffle le vent des grandes entre-

prises, des grandes opérations, des grandes spéculations. Tous les projets sont colossaux. Une
véritable avalanche de financiers de tous étages :
banquiers, agents de change, courtiers, actionnaires,
boursicoteurs, agioteurs, industriels, administra-
teurs de Compagnies, défilent devant le spectateur.
Le journaliste aussi, car, par ses articles favorables,
n'est-ce pas lui qui fait affluer les capitaux dans la
main de ceux qui les exploitent ? Puis ne tarde pas
à paraître, la classe fort nombreuse des faiseurs,
des exploiteurs, des lanceurs ; spéculateurs de
mauvais aloi. Le théâtre trouve une formule pour
les dépeindre : *les affaires, c'est l'argent des autres.*
Ce maniement de fonds, cette préoccupation de
chiffres, cette perspective de richesses créent d'autres goûts, d'autres habitudes, d'autres mœurs.
Le mariage n'est plus considéré que comme moyen
d'enrichissement. Pour dot, on ne parle plus que par
cent mille francs, par millions même. On rêve la vie
à grandes guides: courses, jeux, paris, cercles, coulisses de théâtre ; la finance et l'hétaïre se donnent
la main. Le second empire applique un vigoureux
coup de fouet à ce mouvement : il le personnifie à
lui seul. Le répertoire théâtral nous offre, *Merca-
det, les Filles de Marbre, les Faux Bonshommes,
Dalila, les Lionnes pauvres, le Demi-Monde.* Voici
vingt-cinq ans que nous vivons sur cet actif. Les
tiers, les quart et les huitième de monde, le tripotage
financier n'ont plus rien à nous apprendre ; ils n'ont
plus de secret pour nous. Et depuis dix ans ce capi-
tal est dévoré. La quatrième et dernière manière
de notre période sociale est au bout de son rou-
eau. Comme nous sommes à la porte d'une ère

nouvelle qu'on tarde à nous ouvrir, et que les réformes attendues sont plus en intention qu'en fait, il s'ensuit que notre délabrement théâtral est à son comble.

Aussi les auteurs sont-ils aux abois; ils sont à sec et se battent les flancs; la pénurie est complète. Ils reprennent les vieux types, les vieux caractères, les vieilles situations ressassés et usés; les chargent, les grossissent. Enfin, ils tombent dans l'excessif et poussent tout à outrance. Ce ne sont que femmes infernales et hommes diaboliques, adultères dans des conditions exhorbitantes.

A défaut d'inspiration et d'originalité, ils se jettent dans un réalisme souvent hideux. S'agit-il d'une agonie, d'une mort, ils en reproduisent les contorsions, les convulsions, les hoquets et les tournements d'yeux. Les détails les plus repoussants sont minutieusement analysés. On nous apporte sur la scène une noyée verdâtre. Messieurs, mesdames, je ne crains pas de vous annoncer prochainement la Morgue. Vous l'aurez; tout ce qui précède n'en est que la préparation. Et sur une affiche taillée au mètre, vous lirez en caractères patagoniens : *Tous les soirs*, à 11 heures moins 1/4, *le beau tableau de la Morgue, saisissant de vérité et d'horreur.*

Il est commun de crier à la démoralisation; qu'on crie plutôt à l'impuissance; voilà le mot de la situation. Si les auteurs avaient quelque chance de trouver un thème tant soit peu neuf, sans en être réduits à recourir à l'extravagant et à l'affreux, ils s'en empareraient avec frénésie, et écriraient plutôt trois préfaces qu'une pour démontrer que le véritable dramaturge peut faire une bonne pièce en restant dans les limites du convenable, du vraisemblable et du possible.

Ce n'est point qu'on n'ait pas fait de nombreuses tentatives pour obvier à ce dénuement et ravitailler la place. Certains faiseurs de pièces, j'entends ceux qui sont le mieux posés et auxquels on permet beaucoup, se sont demandé, à eux-mêmes, si le moment n'était pas venu d'innover. Oui, mais à quel procédé recourir pour donner le change au public et lui déguiser le vide et le creux théâtral ? Faire une incursion sur des terrains jusque-là étrangers à la scène ! Prendre pour auxiliaires la science, une doctrine, la métaphysique, la morale ! Des penseurs, des vulgarisateurs d'idées, enclins à l'illusion, leur criaient à tue-tête : « Courage ! n'hésitez pas, ne laissez ni déchoir ni s'amoindrir le théâtre ; il est une puissance : puissance de vulgarisation, puissance de publicité, puissance d'émouvoir. De plus, il jouit du privilége exceptionnel de répétition. La répétition, à elle toute seule, est une force. Répéter cent, deux cents, trois cents, quatre cents fois, suivant l'étendue du succès, ici, là-bas, de tous les côtés la même pensée, le même mot, la même scène, n'est-ce pas la meilleure manière de graver dans la mémoire ce qu'on veut y implanter ? N'est-ce pas ainsi que nos grands génies ont répandu, de génération en génération, l'expression des plus nobles sentiments, des plus nobles aspirations et sous la forme concise d'un simple distique ou quelquefois même d'un hémistiche ? Pourquoi le théâtre ne serait-il pas l'agent d'une doctrine de progrès ? Pourquoi ne soutiendrait-il pas une thèse ? Pourquoi ne lui imprimeriez-vous pas une direction nouvelle » ? Ces conseils furent suivis.

A vrai dire, les premiers essais ont laissé froid le public. Nous avons vu, par exemple, une certaine pièce où le mari fait la théorie du canon, l'amant la théorie du fusil ; cela se passe chez un armurier, vous pensez. Un personnage épisodique, partant pour la Syrie, fait une théorie sur les tribus juives. Au dernier acte, une digression s'engage sur l'existence de Dieu, une autre, sur l'immortalité de l'âme.

Ailleurs, un jeune auteur a eu recours à un procédé qui m'a semblé très hardi.

L'amoureux, au beau milieu d'une déclaration, a l'ingénieuse idée de glisser un léger aperçu sur la centralisation des Romains et la civilisation hindoue. Mais, incontestablement, le plus curieux, c'est le petit manuel de morale qu'on nous présente depuis quelque temps. Tous les honnêtes gens y jouent, de par le dogme, le rôle de niais, de dupes et de victimes. Les honnêtes gens, sachez-le, ne sont venus en ce monde que pour prendre à leur compte les folies, les fautes, les infamies des coquins et des coquines. Ils me font l'effet d'entrepreneurs de balayage moral chargés de ramasser les immondices sur la voie sociale, pour la seule gloire et le seul profit de les avoir enlevés à leurs frais. Ne vous gênez donc pas, jeune homme, cet enfant est le vôtre, c'est vrai ; n'en ayez pas de souci ; il y a là un brave homme, en face, qui endosse la paternité d'autrui avec aisance et facilité. Quel scrupule avez-vous donc, mon cher? vous avez trompé votre femme, vous l'avez ruinée ; mais son lot est de vous aimer quand même et de vous pardonner toujours, sans que vous ayez besoin de vous repentir. La vertu n'est ici-bas que pour cela. A quoi donc serait-elle bonne ? Pauvre Franklin ! comme il se trompait lorsqu'il prétendait que si les coquins connaissaient les avantages de la vertu, ils seraient vertueux par coquinerie !

Evidemment, ces plaisanteries ne peuvent continuer longtemps. Non, il n'est pas donné au théâtre d'être un duplicata de la chaire et de la tribune. Quand il dispute et discute, il entre dans le domaine du livre et du discours et leur reste très inférieur.

Le théâtre vit d'action, de mouvement, de passion. Si l'on incarne des personnages, si on vous les sert en chair et en os, c'est moins pour pérorer que pour agir ; leur dialogue doit toujours servir, directement ou indirectement, l'action principale. Pour cette raison, les novateurs et les réformateurs sont toujours assez mal venus à la rampe. On demande des situations, ils apportent des théories. Les malins font observer qu'ils soutiendront une thèse non avec des arguments dont le développement est toujours lourd, mais avec des faits. Et ne sait-on pas qu'il peut y avoir cent faits pour comme cent faits contre? Ne sait-on pas, en outre, que l'auteur les groupe et les dirige à son gré ; et qu'en ce qui concerne le dénouement, celui-ci est presque sans exception facultatif ; et qu'une pièce finissant d'une façon pourrait tout aussi bien finir d'une autre ?

— Ah ! entend-on fréquemment, s'il venait un génie, il ne serait point en peine de rajeunir ce qui paraît usé et caduc, et de découvrir du neuf. Je n'ai qu'un seul mot à répondre. Les génies ne viendront pas. Les génies viennent à point ; ils viennent à propos ; ils surgissent dans la société quand il y a un grand emploi à remplir. Les génies n'arrivent point pour glaner, copier, imiter, répéter, mais bien pour créer. Voyez Shakespeare, voyez Corneille, Racine, Molière. Quand ils apparaissent presque rien n'est fait avant eux ; un vaste champ est à défricher. Alors ils commencent leur œuvre.

Ne peut-il donc pas y avoir des génies précurseurs ? Sans doute. Seulement nous les avons eus.

Personne n'ignore que les résultats de 89 sont bien au dessous des sacrifices faits. Cette époque avait eu ses précurseurs ; 1830, autre mouvement, en partie avorté, eut aussi ses précurseurs. Ils escomptèrent l'avenir et dirent tout ce qui peut être dit en fait de théories. Nous n'avons donc plus à attendre que les phénomènes de l'application, d'où jaillira une source nouvelle de caractères, de types et de situations.

Quant au public, soyez-en persuadé, il devine la crise sans absolument s'en rendre compte. Bien qu'il use du théâtre plus que jamais, il le prend de moins en moins au sérieux. Il court de salle en salle, de spectacle en spectacle, ne manque pas une représentation, veut tout voir, mais sans préférence, sans choix. Il apporte partout une curiosité banale. Le théâtre n'est devenu pour lui qu'une distraction, qu'un plaisir, qu'un divertissement comme un autre. Ce n'est plus l'arène littéraire où il cherchait autrefois les satisfactions de l'esprit. Il comprend qu'il ne les trouverait plus là. Il prend donc le parti de ne plus analyser, de ne plus discuter les pièces, et pourvu qu'on l'amuse pendant trois ou quatre heures, voire même aux dépens du sens commun, de la morale, de la vérité et souvent même de la langue française, il ne le trouve point mauvais et ne cherche pas chicane. C'est drôle, se contente-t-il de dire, c'est à voir.

Messieurs et mesdames, je vous ai conduits, en pente douce, où je voulais vous faire venir, à M. Sardou. Et nous nous expliquons parfaitement maintenant, d'après ce qui précède, le succès et la vogue dont il a joui. Il est venu en temps opportun : on ne discute plus, on n'analyse plus, c'est bien l'affaire de M. Sardou. La quatrième et dernière manière de notre période sociale est à sa fin. Les réformes exigées n'étant pas accomplies, impossible d'aborder le théâtre nouveau. Il nous faut vivre sur des débris ; il ne s'agit plus que de tirer la corde, d'amuser le tapis, comme on dit vulgairement. L'auteur de *Rabagas* était l'homme du moment. Il n'est ni penseur, ni inventeur, ni novateur ; il est né arrangeur et brocanteur. Il a recousu, recardé, retapé, rétamé, ressemelé. Aussi ai-je bien ri quand j'ai vu écrit et imprimé que Monsieur Sardou, en matière de théâtre, *faisait grand* et était *puissant*. C'est encore heureux qu'on n'ait pas mis *tout-puissant*, car le bon Dieu est aussi *tout-puissant*, il lui aurait fait concurrence.

Et l'on aurait tort de m'accuser de sévérité. A coup sûr, si M. Sardou a fait de brillantes recettes, s'il a été applaudi par le peuple, je ne dirai pas le *plus spirituel* de la terre, c'est une épithète qu'on a plus le droit de porter quand on a été battu. On la dépose temporairement, quitte à la reprendre le plus vite possible. Je me contenterai donc d'affirmer qu'il n'est pas le plus

sot ; il faut naturellement que M. Sardou ne soit
pas sans qualités, ni sans habileté. Seulement, il
est urgent d'établir à quelle catégorie appartiennent
ces qualités et cette habileté. Si elle sont de premier ou de second ordre :

M. Sardou, cela ressort de toutes ses œuvres, n'a
point d'apport personnel. Son bien, il le prend partout où se trouve celui des autres. Il a emprunté à
Scribe, à M. Théodore Barrière dont il s'est appro-
prié tous les personnages et en particulier celui de
Desgenais. Il a pillé M. Alfred Assolant et tant d'autres. Littérairement parlant, on peut dire qu'il doit à
Dieu et à diable.

C'était le moyen, je l'avoue, de ne jamais rester
court. Et il en est de sa méthode comme du reste ;
c'est une sorte d'amalgame, de macédoine, de diverses ficelles, de trucs consacrés par l'expérience.
Il procède de Scribe, cela est manifeste. On se rap-
pelle que Scribe était passé maître dans l'art de
nouer les intrigues, d'enchevêtrer les situations, de
faire naître les quiproquos, de multiplier les allées
et les venues, les entrées et les sorties et les lettres
au moment du dénouement. Pourrait-on dire com-
bien d'argent la poste a gagné avec Scribe ! Que de
lettres n'a-t-il pas envoyées, grand Dieu ! M. Sardou
a renchéri sur le tout. Il a porté ce procédé à la
quatrième puissance. Je me ferais pourtant scrupule de ne point lui rendre justice. Il a bien
quelques côtés originaux que je me plais à lui
reconnaître : 1º le corps de ses pièces tient rarement
à l'exposition et le dénouement ne tient pas au
corps de la pièce ; 2º il commence par un vaudeville,
il continue par un drame et finit au Palais-Royal ;

3° ses principaux personnages ne sont généralement pas vraisemblables ; 4° il parle avec une préférence marquée des choses qu'il ignore le plus. Il a fait des pièces américaines, *les Femmes Fortes*, *l'Oncle Sam*, qu'il a certainement élucubrées à Louveciennes. Il n'est pas question de voir s'il a dit du bien ou du mal du nouveau monde, mais si ce qu'il en dit est juste ou faux. M. Sardou ne connaît rien de l'Amérique ; pas même la surface, pas même l'allure.

Les Américains ont un type parfaitement distinct. Hommes et femmes parlent sur un certain rhythme traînant, et rarement se laissent emporter. Ils amènent même dans la conversation un je ne sais quoi de profondément indifférent aux choses de l'enthousiasme. Et pour sortir de cette note, il leur faut une excitation toute particulière. Nous sommes loin de ces brouillons et de ces brouillonnes que nous sert M. Sardou. Les Américaines, elles-mêmes, en dehors de leur beauté, ont beaucoup de réserve et de distinction. J'en ai vu d'opinion très-avancée—des femmes justement célèbres — dont l'extérieur était digne et modeste. Du reste, M. Sardou a parlé de l'Amérique, comme il a parlé de la province dans *les Ganaches*.

Si l'on me taxe de partialité, je me bornerai a répondre que je me suis engagée, aujourd'hui, à prouver ce que j'avance. Je démonterai un à un les chefs-d'œuvre de M. Sardou. Vous voyez que je lui fais la part belle ; je laisse de côté ce qu'il a fait de médiocre. Nous verrons alors si je suis d'accord avec le strict bon sens.

Le premier succès de M. Sardou,—je passe ses débuts, ils ne comptent pas — celui qui d'abord l'a mis en lumière, c'est celui des *Pattes de Mouche*.

On serait autorisé à dire qu'il n'a rien fait de mieux. C'est une sorte de marivaudage rajeuni qui ne manque pas de grâce. Le second acte est ingénieusement tressé, subtilement agencé. Le troisième acte gâte bien un peu l'impression du premier. Toutes ces vicissitudes, toutes ces péripéties que subit un fragment de lettre, fragment délateur, qu'on arrive jamais à anéantir et qui tombe toujours dans les mains de celui qui doit en ignorer le contenu, se prolongent beaucoup trop.

Cette cocasserie sans mesure ne nuisit pas à la réussite. On commença à se dire : M. Sardou est un homme avec lequel il faut compter. Et le pronostic était juste. Demandez plutôt aux caissiers des directeurs s'ils n'ont pas eu *à compter* avec lui.

Le coup d'éclat de M. Sardou, ce qui affirma sa réputation fut *Nos Intimes*. Oh ! alors, on ne lui marchanda plus les éloges. Les critiques embouchèrent la trompette ; on cria au chef-d'œuvre. Le public les crut sur parole. On se bouscula au bureau de location.

La pièce roule sur une vieille thèse éminemment misanthropique : — Mes amis, il n'est point d'amis. — L'auteur l'a peut-être un peu modifiée en donnant à entendre qu'il ne faut pas faire des amis au hasard. Caussade, le héros de la pièce, est taillé sur ce patron. Il pêche des amis partout ; une première rencontre, une poignée de main lui suffisent pour contracter amitié. Et l'amitié chez lui n'est pas un vain mot, il l'affirme de sa maison et de sa bourse. Le personnage est possible, on ne saurait le contester. Seulement, où il cesse d'être acceptable, c'est lorsque l'on apprend, grâce à l'exposé, que Caussade a eu autrefois sa fortune compromise et qu'il l'a reconstituée en Algérie. Or, quand un homme refait sa fortune, cela donne à sous-entendre qu'il a la connaisance des hommes et des choses; qu'il ne se livre pas sur des apparences ; qu'il a enfin cette salutaire défiance sans laquelle nul ne peut réussir dans la vie. Je me garderai cependant de rendre responsable M. Sardou de cette inconséquence, elle est de tradition au théâtre. C'est une opinion enracinée que tout individu qui a fait sa fortune dans le négoce ou dans le commerce, est niais et crétin sur tous les autres points. L'erreur est manifeste et ne prouve qu'une chose, c'est que les auteurs, pour s'épargner du temps, ce serait à le croire, ne se donnent pas la peine d'observer eux-mêmes et prennent de confiance les sottises qu'on a débitées avant eux.

Pour faire sa fortune dans les affaires, il est nécessaire d'avoir un ensemble de qualités qui ne sont pas déjà si communes. Le bon sens d'abord, l'esprit de conduite, la fermeté de caractère, la perspicacité, la mémoire, la faculté d'administrer. Ce bagage forme une certaine intelligence. On peut ne pas être érudit, lettré, mais on reste un homme capable, et à plus forte raison, on n'est point un sot.

M. Caussade a une fille de son premier mariage. Dans la suite, il a convolé avec une jeune créole jolie, sentimentale, indolente et oisive comme toutes les femmes des colonies. De moitié plus jeune que lui, la seconde Mme Caussade n'a pas d'amour pour son mari. A défaut d'amour, elle pourrait avoir de l'estime, de la considération.

Mais cela semble difficile, car ce vieil imbécile, sans dignité, sans caractère, ne faisant respecter ni lui ni personne, n'est vraiment pas fait pour en inspirer. Suivant sa toquade habituelle, dès le premier acte, nous voyons un intime installé chez lui. Ce jeune Maurice est fils d'un de ses vieux amis. Viveur, blasé avant l'âge, il a trouvé déjà le moyen de manger son patrimoine. En visite chez Caussade, il y est tombé malade, et l'on a dû appeler pour lui donner les premiers soins, un certain Tholosan, homœopathe, mais docteur amateur. Tholosan n'a pas vu sans émotion les charmes de la fille de la maison, et caresse des projets de mariage. Tholosan est une réincarnation de Desgenais. C'est, en style de coulisse, un personnage à *zinc*. Sa parole est sifflante comme un coup de cravache. Sa mission est de cingler tout le monde, seulement dans l'honnête intention de dévoiler les bassesses humaines et d'éclairer les naïfs. Le jeune Maurice, hors de danger, ne trouve rien de mieux, pour charmer les ennuis de la convalescence, que de pincer de la guitare auprès de la maîtresse du logis, laquelle paraît y prendre goût. Jusque-là rien n'est déclaré. Ce ne sont qu'attentions, tendres regards, serrements de mains. Pourtant le petit roman est en bon chemin, et je crois que l'issue pourrait être favorable à Maurice sans que d'autres *intimes* aient besoin d'intervenir pour pousser à la roue.

Nos Intimes arrivent donc. C'est une justice à rendre à ces faux-amis, ils ne se déguisent pas, ils ne se fardent pas. Je n'ai jamais vu des gens dès leur entrée dans une maison, étaler un pareil sans-gêne et une pareille mauvaise humeur. Je n'ai

jamais vu qu'on s'installât chez autrui et à ses dépens, avec un tel degré d'outrecuidance. Ce qui a
tout lieu d'étonner, c'est que Marécat et Vigneux
ne sont point des amis de fraîche date. L'un a été
condisciple de Caussade, l'autre, son compagnon de
jeunesse. Et l'on nous a avertis, dès le début, qu'ils
ont toujours été aussi désagréables, aussi indiscrets,
aussi ingrats. A quel propos Caussade les attend-
il avec impatience, pourquoi les appelle-il ses
chers et ses excellents amis? A Vigneux et à Marécat
vient s'en joindre un troisième qui nous plonge
dans la charge de trétaux. Abdalah, sorte de zouave,
appelé Zéphir, entre, se précipite sur Caussade,
l'embrasse à l'étouffer, l'appelle ma vieille, lui tape
sur le ventre à la grande surprise de Caussade qui
ne se souvient pas de l'avoir jamais vu. Abdalah
ne se déconcerte pas. Quoi! tu ne te rappelles pas
quand nous avons mangé du couscoussou dans
ma tente? Caussade, qui jurerait ne l'avoir jamais
rencontré, n'exige pas de plus amples renseignements, et consent à le garder chez lui.

Au deuxième acte, l'impertinence *de nos Intimes*
monte son diapason. Ils ne peuvent digérer la
campagne de Caussade, ils sont dévorés d'envie; ils
cancannent entre eux. Tout cela ne sort pas encore
du naturel. Ce qui n'en est plus, c'est que Marécat sous prétexte que les coqs l'empêchent de dor-
mir, donne l'ordre au jardinier de les étrangler
ainsi que les chiens qui se sont permis d'aboyer.
Ce n'est rien encore : il faut que le Zéphir démol-
lisse son lit pour le transformer en tente, et mette
le feu à la cuisine pour faire du café à l'orientale.
Il dérange les bassins de pisciculture, de telle

façon que les gros poissons mangent les petits. Et Caussade qui ne le connaît toujours pas, endure tout cela. L'invraisemblance ne s'arrête pas là. Les intimes bombardent d'insultes Caussade, lui étant présent.

VIGNEUX

« Est-ce que c'est ton affaire cette campagne-là? Est-ce que
» ce n'est pas trop beau pour toi?

CAUSSADE

« Comment, trop beau!

Mme VIGNEUX

« Mais, c'est la propriété d'un grand seigneur, Monsieur
» Caussade.

VIGNEUX

« Ou d'un artiste!

MARÉCAT

« Enfin de quelqu'un qui représente, tandis que toi, qu'est-
» ce que tu représentes?

CAUSSADE

« Mais je représente.....

VIGNEUX

« Enfin tu ne peux pas te faire illusion?

MARÉCAT

« Tu n'as pas la prétention d'être un homme distingué?

VIGNEUX

« Tu sais bien ce que tu vaux?

MARÉCAT

« Mais il le sait bien!

. . . .
. . . .

VIGNEUX

« Eh bien, franchement, tu fais une drôle de mine, là-dedans!

Mme VIGNEUX

« Vrai! vous n'avez pas l'air d'être chez vous.

MARÉCAT

« Il a l'air de son jardinier!

VIGNEUX

« Ça fait mauvais effet!

MARÉCAT

« Ça fait crier!

Mme VIGNEUX

« On vous discute!.. on dit : qu'est-ce qu'il a donc fait, ce
» monsieur Caussade, pour avoir une si belle maison?

VIGNEUX

« Quand des gens qui valent bien mieux que lui n'ont pas
» seulement un pauvre petit coin!

MARÉCAT

« Ou bien : il n'est pas assez intelligent!

VIGNEUX

« Ni assez habile!

MARÉCAT

« Ni assez fort!

CAUSSADE

« Mais! mais...

MARÉCAT

« Pour avoir gagné tout cela honnêtement..... »

Tout ce qui précède et tout ce qui suit, est dans
cette note-là. Où trouve-t-on des gens pareils et un
semblable imbécile pour les écouter? Que des amis
soient aussi perfides que possible, soit; mais
malgré tout, il est des formes de civilités qu'on
garde quand même. On décoche un mot méchant,

on fait une allusion cruelle, à la condition d'entourer le tout d'un peu de miel. A l'acte suivant, les *intimes*, d'insolents deviennent conspirateurs. C'est un des trucs de l'auteur d'introduire partout une conspiration. Conspiration dans *nos Intimes*, conspiration dans *nos Bons villageois*, conspiration forcée, dans *Patrie*, conspiration dans *Rabagas*.

Marécat, Vigneux et consorts ont aperçu le manége du jeune Maurice ; ils se réjouissent d'un scandale qu'ils espèrent, et se promettent d'en hâter la venue. Non-seulement, il faut que Caussade soit trompé, qu'il le sache, mais encore qu'il se batte en duel. On lui suscite une querelle avec le voisin. Ni le voisin, ni Caussade ne désirent ferrailler, comme bien l'on pense. Ces habitudes belliqueuses leur sont parfaitement étrangères, et c'est le comble du ridicule et de l'odieux d'espérer les amener là à propos d'une souche de dahlias jetée par-dessus la haie. Cela se passe ainsi à Charenton. Si ces messieurs, encore, étaient journalistes ou militaires ! Mais des gens qui n'ont jamais tiré que sur des lapins et sur l'Abd-el-Kader de la foire. Cette plaisanterie passe les bornes. Et, quant à ces intimes, ce sont des scélérats. Mais, ce qui est pire, ce sont des scélérats stupides. Quel est le mobile de leur conduite ? Un vieil adage judiciaire dit : « *Is fecit cui prodest.* » Eh bien ! quel est leur intérêt ? Y a-t-il un testament en leur faveur ? Dans ce cas, on concevrait qu'ils allassent jusqu'à l'arsenic. Non, il y a une fille. Caussade est un ami plus qu'obligeant puisqu'il n'attend pas qu'on lui demande un service, c'est lui qui l'offre ; qualité précieuse et rare. Et nos intimes ont certes tout avantage

à sa conservation. C'est une mine d'exploitation
qui mérite qu'on la ménage. Que gagneront-ils donc
à voir sa maison renversée et lui mort? Quel profit
en tireront-ils, sinon de tout perdre? L'inconséquence de l'auteur est notoire, c'est la plus
complète ignorance du cœur humain qu'on puisse
imaginer. Quant à Caussade, il n'a existé et ne peut
exister nulle part. La pâte dont il est pétri a été
jusqu'ici parfaitement inconnue. Cet homme qui se
décide à se battre pour faire plaisir à ses amis; qui
ne les jette pas à la porte et qui supporte que
Marécat lui dise : « Si tu ne te bats pas pour toi...
fais-le au moins pour nous. Tu hésites, c'est hon-
teux ! Regarde-moi, est-ce que je tremble, moi ! Ce
sont des cocasseries à peine de mise au Palais-
Royal. Encore, faut-il les faire accepter par beaucoup de tact dans la facture.

Au troisième acte, *les Intimes* confient à Caussade qu'il pourrait bien être trompé par sa femme.
Celui-ci se récrie. Ce serait le moment de s'apercevoir, il me semble, que ses prétendus amis ne sont
que des misérables. Point; leurs injures, le fameux
duel et le reste ne lui ouvrent pas les yeux. Pour sur-
prendre les coupables, *les Intimes* conseillent à Caussade de simuler un voyage. Caussade part. De onze
heures à minuit, Maurice s'introduit dans la chambre de Mme Caussade, sans le consentement de celle-
ci. On a fait beaucoup de bruit de cette scène. Un
peu plus, on aurait dit qu'elle contenait des audaces
de génie. La vérité est qu'elle est construite comme
tous les essais de séduction au théâtre. C'est le
même langage banal, imité de la passion ; rien n'y
est neuf, sauf le fauteuil renversé et le cordon de

sonnette coupé. Mme Caussade tient bon. Elle entend un bruit de pas, elle pousse Maurice sur le balcon. Caussade entre, pâle, défait ; il est escorté des intimes qui demeurent déconcertés en la voyant seule.

Ce qui crève les yeux dans cette aventure, c'est leur maladresse et leur bêtise. Il n'était pas très difficile de s'assurer à l'extérieur de la présence de quelqu'un dans la chambre de Mme Caussade. Cette sorte de lutte, ce bruit des voix, les ombres derrière les rideaux, allant et venant, étaient autant de preuves irrécusables. Caussade est entièrement convaincu de l'innocence de sa femme et n'en demande pas plus. Mais Mme Caussade trahit son émotion et n'est point remise de sa peur. On va ouvrir la fenêtre, elle serre le bras du docteur qui comprend qu'*il est là*. Alors, sous le prétexte de déboucher un flacon, faisant mine de s'adresser au bouchon : mais *saute donc, saute donc, animal,* dit-il d'une voix forte ; l'animal saute. On ouvre la fenêtre ; lorsque tout à coup Caussade crie : Chut ! et se penche au dehors pour examiner au-dessous de la croisée.

Au quatrième et dernier acte, Mme Caussade est dans les transes ; son mari n'a pas dormi de la nuit; il a été agité, s'est levé plusieurs fois, s'est mis à la croisée et a cherché avec obstination à plonger ses regards dans l'obscurité. Plus de doute, il a vu Maurice; et là-dessus, de rouler des yeux comme la Phèdre de Guérin. Caussade paraît. En effet, on nous l'a changé. Ce n'est plus ce bonasse jovial, expansif, c'est un ténébreux, un taciturne, ne parlant que par monosyllabe, ne prononçant que

des paroles à double entente. Tout ce qu'il dit fait
allusion à la scène de la veille. A quelqu'un qui lui
narre un fait divers où un mari trompé s'est brûlé
la cervelle, il répond qu'il ne lui restait que cela à
faire.

Un peu après et toujours de ce ton glacial, qui
semble méditer un grand coup, il demande à Maurice de lui écrire son adresse de sa plus belle main.
L'autre qui, dans son équipée du balcon, s'est foulé
cruellement la main, fait des efforts inouïs pour
tracer les mots; et Caussade, regardant, dit d'une voix
sépulcrale : *c'est tremblé.* Tout à coup, il se lève fié-
vreux et revient avec une boîte aux pistolets. Ciel!
que va-t-il tuer ? Sa femme, Maurice ou lui-même?
Si c'était encore les intimes, ce ne serait vraiment pas dommage. Il sort d'un pas résolu. Deux
secondes après, une détonation se fait entendre;
grand Dieu ! le malheureux croyant à son dés-
honneur, n'a pu survivre ; et tous se lèvent effa-
rés. Rassurez-vous, cœurs sensibles, l'accent
victorieux de Caussade résonne dans la cantonade.
Ah ! le gredin ! fait-il en tenant le cadavre d'un
renard. Mais pardon, j'ai mal conté la pièce, et j'ai
oublié le principal. Au commencement, il était dit
qu'un renard mangeait les poules de Caussade.
En conséquence, ce ne sont ni les impertinences des
intimes, ni le duel, ni l'accusation d'adultère
portée contre sa femme qui l'ont agité et ému,
mais bien ce .vorace dévaliseur de basse-cours.
Tout le monde sera d'accord pour trouver cette
pièce *remplie de naturel et de vérité.* Eh pourtant, c'est une des meilleures de M. Sardou.

De *nos Intimes,* je ne puis m'empêcher d'aller

directement *à nos Bons Villageois* qui en sont la reproduction travestie.

Imaginez, une minute, que le personnel de *nos Intimes* rentre dans les coulisses, ôte son costume de citadins et reparaisse en scène affublé en paysans. Nous retrouvons exactement les mêmes personnages : *Grinchu,* c'est *Marécat; Floupin,* c'est *Vigneux.* Il y a un vieux mari, une jeune femme, une conspiration des *Villageois,* comme il y a eu une conspiration des *Intimes.* Au quatrième acte, une invasion du jeune homme dans la chambre à coucher de la jeune femme, une accusation d'adultère, avec adjonction de la *Gaëtana* de M. Edmond About, une provocation en duel, et, finalement, le fameux coup de pistolet à la dernière scène. Rien n'y manque ; le calque est complet. Quant à la donnée générale, de même que M. Sardou nous a exprimé son opinion sur l'*Amitié et les amis,* de même, il émet celle qu'il porte sur le villageois et le village. D'après lui, le paysan est le plus insociable des êtres, c'est la peste du voisinage, c'est la bête venimeuse la plus nuisible.

Avez-vous jamais entendu dire que les riches propriétaires de ces splendides villas situées aux environs de Paris, à Montmorency, Meudon, Châtou et autres lieux, en soient fréquemment réduits à se réfugier rue *des Lombards,* rue *Quincampoix* ou rue *Montmartre,* pour se soustraire aux persécutions rurales? C'est pourtant ce que nous soutient M. Sardou imperturbablement, dans *nos Bons villageois.* C'est à croire, en vérité, que la société ne goûtera repos et tranquillité que lorsqu'on aura extirpé cette *gent* perverse et malsaine.

Il est vrai que le paysan est bien de quelque utilité dans le monde. Sans lui, nous ne mangerions ni pain, ni légumes, ni fruits ; sans lui, nous pourrions bien n'avoir que de l'eau à boire. Il est également vrai que la profession de l'agriculteur, vu son travail incessant et le peu de profit qu'il en tire, n'est pas de celles qui excitent notre convoitise à nous autres citadins. Mais qu'importe à l'auteur de Rabagas ! Comme on pourrait mettre en doute mon impartialité, j'analyserai cette pièce, bien qu'elle ne soit que l'écho de la précédente.

Nos villageois conspirent donc à l'instar des conspirateurs de madame Angot. Contre qui ? Contre M. le maire, le baron de Villepreux, colonel. Un maire modèle, n'administrant que pour le bonheur de la commune et la gloire des pompiers. Vertueux, en un mot, comme un maire de l'Empire. Il s'agit de le *dégommer* au profit d'un certain apothicaire nommé Floupin, un odieux républicain, c'est tout dire, qui s'est mis en tête de remplacer avec avantage le susdit baron, colonel. Et même, à cet effet, avec le tact bien connu que M. Sardou prête à ses personnages, le sieur Floupin va lui-même, en personne, et en tête-à-tête, insulter ce fier-à-bras de baron colonel, dans son château, quitte à se faire donner une horrible pile par son brosseur. Il s'explique en ces termes :

FLOUPIN

« Je suis délégué par les notables de *Bouzy-le-Têtu* pour vous exprimer avec toutes sortes de ménagements... la profonde antipathie que vous inspirez à toute la commune...

Que voulez-vous, monsieur le baron, il y a des figures comme ça, auxquelles on ne se fait pas!... tandis que d'autres... Ainsi moi, je n'ai qu'à paraître... on m'adore..... »

C'est le langage de *Nos Intimes*, tout revenu.

Floupin devient donc chef de la conspiration. Ici, le programme se complique, il ne suffit plus que le maire soit débusqué de sa haute position, il faut que tout comme Caussade, il soit trompé par sa femme, qu'il le sache et qu'il se batte en duel avec le séducteur — toujours *Nos Intimes* — grâce à l'espionnage de Grinchu, on a su qu'un beau jeune homme a rôdé toute la matinée aux alentours du parc; on l'a vu même à distance du saut-de-loup échanger quelques chaudes paroles avec la baronne qui paraissait très-troublée.

Une remarque à faire; autant les ingénues de Monsieur Sardou sont avisées, trop avisées même, autant ses femmes sont sottes,

Je ne sais si le mariage les rend comme cela, dans tous les cas, ce n'est pas flatteur pour les maris. Ce jeune troubadour, dont le père, M. Morisson, vient justement d'acheter une propriété à Bouzy-le-Têtu, est un avocat plein d'avenir. En vacance et arrivé depuis le matin, il n'est pas connu du village. On peut le ranger, celui-là, dans le camp des indécis. Il est perplexe et voici le pourquoi. Il a rencontré aux Pyrénées la baronne en compagnie de sa sœur, ingénue de 18 ans. Certes la jeune fille ferait bien son affaire pour le bon motif. D'autre part, il s'accommoderait fort de la jeune baronne pour l'autre motif. Donc, il hésite; motif à droite, motif à gauche. Pour tromper son embarras, il flirte avec les deux sœurs. Mais ce qui augmente encore

sa perplexité, c'est que le matin, il a rencontré l'ingénue qui s'est donné toutes les peines du monde
pour lui faire comprendre qu'il ait à la demander en
mariage dans le plus bref délai. Et pour mieux l'en-
gager à ne pas perdre de temps, elle lui a donné la
petite clef de la porte du parc, celle sur le côté.
Moyen d'arriver plus vite au château. Cette jeune
fille est si pressée qu'elle établirait volontiers un
chemin de fer express pour conduire de la maison
Morisson à la sienne. L'ingénue partie, le soupirant
se trouve face à face avec la baronne, et une idée
tant soit peu indélicate passe dans son cerveau. Si
la clef du bon motif, pense-t-il, me servait pour
l'autre motif ! Oui, mais il a compté sans les villageois. Le chœur des conspirateurs rentre en scène.
On guettera le jeune homme, et l'on avertira le baron au moment fatal. En effet, Henri Morisson s'introduit à la nuit dans le parc tandis que le baron
donne le signal du feu d'artifice. Le jeune Henri
trouve l'ingénue à la place de la baronne : « Fi ! que
c'est mal ! Vous faites un bel usage de ma clef, ce
n'est pas à cette heure qu'il faut venir. Sauvez-vous
bien vite ». « Ange ! merci, j'allais commettre une
mauvaise action. » Il s'enfuit, mais il est traqué par
les villageois et forcé de chercher un refuge au château. Ce n'est plus l'ingénue qu'il retrouve, mais la
baronne. Grand *effarement* : « Sortez, si l'on vous
voit ici, je suis une femme perdue ! on vous croira
mon amant. » (3me acte de *Nos Intimes*). On entend
la voix du baron et celle des paysans.

— Ne tremblez pas, madame, dit le jeune homme,
je vous sauve ! Vous m'entendez, je vous sauve ! Et
ce jeune homme à qui nous avions prêté dès l'abord

de piètres sentiments, nous a trompés par les apparences. Il y a du héros et du martyr dans ce garçon-là. Il ne flotte plus, cesse d'être perplexe. Le baron entre escorté.

— Ayez pitié de moi, dit-il, ne me faites pas de mal, je me suis introduit ici pour voler les diamants de la baronne.

— Misérable ! s'écrie le baron. On va chercher le commissaire et l'on interne le prétendu filou dans le château. Dans cet entrefait, survient le père Morisson, en piteux état, il tient un sac de nuit à la main, il sollicite l'hospitalité du baron. C'est encore une des victimes de ces monstres de villageois, ce n'était pas assez du maire. Nous assistons à une véritable Saint-Barthélemy de bourgeois. Sous le prétexte du feu d'artifice, ils ont dirigé une fusée sur l'habitation de Morisson, ont hurlé au feu et ont fait jouer les pompes de façon à submerger le mobilier neuf des appartements. — Une véritable inondation. — Invocation de Morisson à la rue des Lombards, *où ses jours s'écoulaient* sans amertume. Quand il se trouve face à face avec son fils, le père le reconnaît : « Ne me reconnais pas, dit le fils, ne me trahis pas : il s'agit de l'honneur d'une femme. » Le père trouve ça raide et le trahit. Il n'est plus question de commissaire, d'arrestation, mais bien de duel. Et voilà que la vieille boîte aux pistolets de Caussade rentre en scène. Le baron va rejoindre le jeune Henri au bout du parc avec la ferme intention de lui casser la tête pour le moins. Mais au moment où il va partir, comme le sire de Framboisie, il est retenu par l'ingénue.

Et c'est ici qu'il nous faut admirer les desseins pro-

fonds de la Providence. Vous savez cette fameuse
Providence qui place toujours *les grands fleuves
auprès des grandes villes*. Providence célèbre que
M. Sardou n'invoque jamais en vain. Il est certain
que si le jeune Henri n'avait pas eu un double amour,
il était littéralement perdu. Ce qui indique nettement
qu'il est urgent dans la vie de se bien pourvoir et
d'avoir deux cordes à son arc.

La petite ingénue, qui ignore absolument ce qui
s'est passé, revient du bal champêtre à l'aube nais-
sante. Cette jeune personne, — agent précoce des
candidatures officielles, — a chauffé la popularité
de son beau-frère, et elle est arrivée à attendrir ces
cœurs endurcis. « Mais donnant donnant, dit-elle
à son beau-frère, service pour service. Il y a un char-
mant jeune homme, le fils de M. Morisson. » Sur ce,
le baron saute. » Il m'aime, je l'aime, et il va me
demander en mariage.» Le baron saute à nouveau. Il
t'aime, tu l'aimes? «Certainement, reprend l'innocente, mais je ne sais pourquoi ma sœur n'a aucune
sympathie pour lui : lui si aimable, si prévenant.
Quand nous étions aux Pyrénées, ma sœur l'évitait
toujours. Quand il était là, elle était triste, quand il
était parti, elle était gaie. — Le baron se dilate. —
Ainsi, il faut que ma sœur revienne sur ses pré-
ventions à propos de ce jeune Henri et consente au
mariage. — Le baron jubile. — Tout cela n'est pas
absolument clair, mais le baron, en qualité de personnage de M. Sardou, le trouve lumineux. Un
plus malin soupçonnerait que le drôle a *donjuanisé*
avec les deux sœurs. Mais ce maire naïf s'en gar-
derait bien, il craindrait de gêner l'auteur. Grand
Dieu! tandis que tout s'explique, le coup de pis-

tolet du quatrième acte de *Nos Intimes* se fait
entendre à nouveau. « Qui tire dans le parc? »
s'écrie le baron. Une porte latérale s'ouvre, la
baronne se précipite une lettre à la main où ces
mots sont tracés : *M. le baron, qui n'a pas cru
à la parole d'un vivant, croira peut-être à celle
d'un mort qui signe votre innocence de tout son
sang.* Signé : HENRI. Le malheureux, il s'est
tué!! Le père Morisson gémit. Pour la seconde
fois, rassurez-vous, cœurs sensibles, ce n'est plus
un renard, mais un *canard* digne du *Figaro.* Au
moment où le jeune homme allait presser la dé-
tente, les villageois, par extraordinaire, deviennent
sauveteurs et détournent le coup.

On ne me retirera pas de la tête qu'ils ont été gras-
sement payés pour cela.

De cette plaisanterie grotesque, nous arrivons à
la *Famille Benoîton.* Cette pièce, à elle toute seule,
mériterait une mention spéciale. N'oublions pas que
la *Famille Benoîton*, non-seulement a atteint un
chiffre énorme de représentations à Paris, mais encore qu'elle a été jouée en province et surtout avec
une faveur marquée, à l'étranger ; et qu'elle a con-
tribué pour sa part à donner de notre Société française la plus épouvantable opinion. La province se
disait: c'est à Paris que cela se passe comme ça ; l'é-
tranger disait : c'est en France. Au-delà de nos fron-
tières, on était donc intéressé à acclamer M. Sardou qui servait si bien, par ses produits, les envies
et les haines extérieures.

Dans ce nouvel ouvrage, l'auteur fit mine de
stygmatiser cette frénésie d'affaires, de spéculations
qui s'empare exclusivement de certains êtres, qui

les absorbe, se les assimile à ce point qu'elle anéan-
tit, en eux, les plus nobles facultés de l'âme. Cette
passion funeste, enfin, qui métamorphose le cerveau
d'un individu en manuel d'arithmétique, le cœur en
encrier ; où la main droite plonge la plume qui doit
tracer des chiffres sur le carnet que tient la main
gauche. A tels hommes, telles femmes. Délaissées,
oisives, vides de sentiments et d'idées, elles se donnent le change avec les plaisirs, les extravagances
et les excentricités. Les affaires, à leurs yeux, n'ont
de prix qu'autant qu'elles rapportent de quoi satisfaire
à leurs folles dépenses. La donnée pouvait être bonne,
bien que rebattue déjà. Elle avait été traitée dans
les *Faux Bonshommes*, les *Lionnes pauvres* et le
Luxe. Comment M. Sardou s'en est-il tiré ?

M. Benoîton, inutile de compter sa femme
puisqu'elle est toujours sortie et ne rentre jamais,
a gagné quelques millions dans les sommiers élastiques. Retiré des affaires, pour ne point se gâter
la main, il spécule sur des achats de terrains et de
constructions assisté par son gendre Didier, char-
mant jeune homme, au demeurant, mais qui, à
l'école d'un tel beau-père, n'a pas tardé à être
aussi affairé, aussi embesogné que lui. Il devient
insaisissable pour sa famille. L'été, à la campagne, un train l'apporte et un train le remporte. On
ne le voit guère qu'entre deux sifflets de loco-
motives ; impossible de trouver le temps de dire
bonsoir à sa jeune femme et d'embrasser sa
petite fille.

Les filles de Benoîton, au nombre de trois,
dont l'une est mariée à Didier, comme nous
venons de le dire, sont des types, Dieu merci !

complétement imaginaires. J'ai bien vu l'excentricité à Bade, aux eaux, aux bains de mer et autres lieux où elle a ses coudées franches et s'affiche impudemment. Mais je le déclare, jamais il ne m'a été donné de voir pareilles extravagances. Ces jeunes filles, ont-elles reçu quelque instruction, on l'ignore ; elles ne parlent pas français, mais argot ; elles disent *becqueter* au lieu de dîner ; elles ont des gestes, des poses propres à rappeler les imitatrices de Thérésa. De plus, elles se livrent à la complète fantaisie des habilleurs à la mode, dont les notes doivent naturellement atteindre des chiffres fabuleux. Il est vrai que Mme Benoîton, toujours sortie, ne peut exercer aucune saine critique et interposer son *veto*. A son défaut, cependant, il y a le père qui fournit aux besoins de la caisse. Comment cet homme qui n'a pu faire une aussi grande fortune qu'avec de l'ordre, sans lequel on n'obtient aucun résultat, ne met-il pas un frein à ce gaspillage? C'est lui qui paie. Mais à l'allure dont va la maison Benoîton, la famille serait ruinée au bout de deux ans.

Après les trois sœurs, arrivent deux frères, l'un collégien de quinze ans qui aspire à devenir le premier garnement de France ; l'autre, bambin de six à sept ans, très-occupé à chercher le mot du coffre-fort de son père. Pour annexe à cette intéressante et prodigieuse famille, il y a une cousine, demoiselle mûre, peu riche, peu jolie, peu agréable, envieuse, médisante ; néanmoins rêvant au mariage, se croyant quinze ans et s'habillant tout comme. Cette cousine est le *Iago* de la pièce. Après elle, vient le vicomte Hector Pardaillan de

Champrosé, fils de preux, comme on va voir par ses exploits. Ce parfait gentilhomme a grugé, de complicité avec une Aspasie à chignon rouge, le noble héritage de ses aïeux ; il a vendu le château de ses pères, y compris la galerie de ses ancêtres. Et c'est, comme on s'y attend, Benoîton qui a racheté le tout. Cette circonstance provoque une scène, entre lui et le fabricant de sommiers élastiques, qui est absolument copiée sur les *Parisiens* de Théodore Barrière. Notez bien que tant que durent les cinq actes, le susdit Pardaillan de Champrosé déplore les écarts du siècle, comme s'il n'y avait pas apporté, pour sa part, un assez joli contingent.

Au nombre de ce personnel, se rangent les Formichel père et fils, gens fourrés jusqu'au cou dans les affaires et dignes pendants des Benoîton. Des projets de mariage existent entre les deux pères au sujet du fils Formichel et de Camille Benoîton.

Enfin, le dernier personnage sur lequel nous ayons le plus à nous étendre, est madame Clotilde d'Evry, veuve d'un âge incertain, cousine du noble Pardaillan de Champrosé, belle-sœur de Didier, gendre de Benoîton, et marraine de Jeanne Benoîton. Cette dame tient le grand rôle de la pièce ; c'est à elle que sont confiées les tirades à effet. Elle a l'emploi du moraliste. C'est une sorte d'Elmire doublée de Cléante et d'Alceste. C'est à elle que revient soi-disant l'honneur de remettre les gens dans la droite voie, quand ils en dévient. Et ce qu'il y a de curieux, c'est qu'à l'examen le plus superficiel, on s'aperçoit tout de suite que ce personnage tourne constamment le dos au but que s'est proposé l'auteur en le créant. Cette femme, réputée sage et de bon conseil, n'intervient au fort de l'action que pour gâter les choses plus qu'elles ne le sont. Comment se fait-il qu'elle n'ait la confiance de personne, bien qu'on vante à tout propos sa discrétion? Comment se fait-il qu'elle n'exerce aucune influence sur qui que ce soit, pas même sur sa filleule dont elle ne tempère, par le raisonnement et l'exemple, aucune des folies. Je dirai plus : le rôle de madame Clotilde est absolument antipathique.

D'abord l'auteur, dès l'exposition, nous la présente sous un bien mauvais jour. Clotilde d'Evry a une singulière manie pour une femme d'esprit et de bon sens ; elle a la rage de faire des mariages ; elle marie toujours, quand même, n'importe qui à n'importe qu'est-ce.

C'est une seconde édition de Mme de Saint-Marc. Son salon est une sorte d'agence matrimoniale, à la différence près qu'elle opère en amateur et pour l'amour de l'art. Est-ce parce qu'elle s'intéresse à ceux qu'elle veut conjoindre? Cette illusion se dissipe bien vite quand on a entendu dans quels termes elle s'explique avec la vieille fille qu'elle veut marier à toute force. A ce sujet, nous aurons même encore à signaler cette brutalité, cette grossièreté de langage avec lesquelles les personnages de M. Sardou s'apostrophent entre eux. Où donc ont-ils été élevés ? Il est inadmissible qu'une femme de bon ton et de bonnes manières puisse jamais oublier, dans la conversation, les convenances les plus élémentaires. Cette Clotilde d'Evry n'est vraiment qu'une échappée de la bande de *Nos Intimes*. Avec la vieille fille, dont elle raille les pruderies, elle s'explique ainsi.

CLOTILDE

.... Avril passé, bonsoir violettes! et je ne sais rien de plus sot qu'une grande bégueule d'innocence montée en graine qui se donne là des airs de confusion, et qui ne voit pas que ce qui rougit naturellement chez elle, c'est le bout du nez.

Plus loin......

Pour vous marier, j'ai eu recours à ce que j'appelle, dans mon classement d'épouseurs, le groupe des *indécis*.

Essayons! j'essaye!... Vous savez l'effet. Quatre indécis réunis dans mon salon... Vous paraissiez!... plus d'indécision!... tous fuyaient! Je me dis: rabattons-nous sur les hommes de cinquante ans un peu plus chauves, un peu plus mûrs... les veufs criblés d'enfants, les consuls de Noukahiva, les employés de Cochinchine, enfin la catégorie des *résolus!* Je vous montrais! Ils s'embarquaient!... De guerre lasse, il a bien fallu en venir à ceux qui ne reculent devant rien, la *série des enragés!* les maniaques, les dragons, les anthropophages! Mais dame! après ceux-là!......

Je vous le demande, existe-t-il une femme assez impertinente pour dire ces choses, et une femme assez vile pour les entendre? Procédé étrange de l'auteur; il fait dire tout haut et directement ce qu'on dit tout bas ou ce qu'on dit à part.

Je reprends. Nous nous attendions bien, à partir du premier acte, que les quatre autres rouleraient sur les équipées de *la Famille Benoîton.* Voyons par où commence la série. Mme Didier, l'aînée des sœurs, reste toujours au-dessous de son actif. Pour parer à ce déficit, elle s'ingère de jouer à Dieppe, à la saison des bains. La chance ne lui est pas favorable; elle se laisse entraîner et perd plus qu'elle n'a à sa disposition. Heureusement que se trouvait là de Champrosé pour la tirer d'embarras et lui avancer

la somme. Elle s'engage à la lui restituer, bien
entendu, dès qu'elle sera en mesure de le faire. Cet
incident établit forcément des relations secrètes
entre le jeune homme et la jeune femme; car elle
ne veut pas se vanter de son exploit. Trois lettres
sont écrites par elle à Champrosé. Enfin, elle a
l'ingénieuse idée, — il n'y a véritablement qu'aux
femmes de M. Sardou que ces inspirations-là arrivent, — de régler aux Tuileries ses petits comptes
avec Champrosé. Or, la vieille fille, genre *Iago*, a
vu le manége, sans rien entendre, ce qui est pis.

Au lever du rideau, toutes ces choses sont pas-
sées depuis six mois environ. Rien n'a transpiré.
Lorsqu'un mot malveillant de la vieille fille met en
éveil Clotilde. Elle croit aussi s'apercevoir que
le jeune ménage ne marche pas comme elle le sou-
haiterait. C'est encore un mariage qu'elle a bâti.
Elle avertit Didier et lui reproche de s'occuper
beaucoup des affaires du dehors au détriment de
celles du dedans. Elle ajoute qu'il néglige trop sa
femme. Et par ce seul fait qu'elle est jeune, elle
cherche à s'étourdir par les plaisirs et les frivolités
de la toilette. Didier goûte cet avis et fait venir sa
femme pour s'entretenir affectueusement avec elle.

Ici, la situation ne me paraît pas nettement tra-
cée. En somme, toutes les fois qu'un écrivain a
l'intention de peindre des mœurs et des caractères,
il doit, avant tout, tenir compte des réalités physiologiques. Ainsi nous ne comprenons point les conditions dans lesquelles vit ce jeune ménage. Au
fond, le mari adore sa femme, la femme adore son
mari; la femme est fidèle à son mari, le mari est
fidèle à sa femme — chose plus rare. — Donc, quelque

affairé et quelque embesogné que soit Didier, il est
des moments où les deux époux doivent forcément
se retrouver ; et ces moments sont suffisamment
intimes pour faire cesser aussitôt tous les malen-
tendus possibles. A l'encontre, il paraît que ces
moments d'effusion, d'expansion ne se produisent
jamais, ou à intervalles si espacés que leur effet
est nul, soit.

Madame Didier profite de ce petit tête-à-tête
pour demander des dentelles à son mari. Celui-là,
les refuse net, jugeant que le budget est déjà de
beaucoup dépassé. La jeune femme est furieuse;
elle sort, va aux courses, parie, gagne le prix des
dentelles ; revient, les achète et les paie séance
tenante. Pendant ce temps, Didier reçoit une lettre
anonyme de la vieille fille, ainsi conçue : « *Demandez donc à M. de Champrosé ce qui s'est passé
entre lui et votre femme à Dieppe.* » Justement
Didier, en recevant ce billet, apprend simultané-
ment que sa femme a fait l'acquisition des fameu-
ses dentelles et qu'elle en a soldé le montant. Il
court près d'elle, lui demande où elle s'est procuré
cet argent. Elle s'obstine à le lui cacher. Didier
insiste. Clotilde qui est là comme toujours, la con-
jure de parler. Pressée de toute part, elle finit par
dire que son père le lui a prêté. La scène se
corse. Benoîton entre. Didier lui demande, sans
laisser à sa femme le temps de parler, si c'est lui
qui a payé les dentelles. Benoîton, qui n'est pas
prévenu, s'en défend. Didier indigné s'écrie : C'est
donc alors M. de Champrosé !

On aura peine à croire, et ce sera justice, qu'une
femme soupçonnée bientôt d'adultère, garde le si-

lence quand même, plutôt que d'avouer une étourderie. Suivant la logique de l'auteur, elle préfère être accusée. Le gâchis va toujours croissant. Champrosé survient en visite. Didier le somme de dire s'il connaît cette dame, désignant sa femme — il lui montre la lettre révélatrice. Champrosé, devant le mutisme de la jeune femme, croit très-spirituel de jurer qu'il la voit pour la première fois.

Il doit comprendre cependant, s'il a une once de sens commun, la gravité de la situation et ce qu'on va porter à son compte. Un seul mot de lui éclairerait tout. Il se tait, et jure si maladroitement que Didier ne doute pas une minute qu'il ne mente. Les choses vont bon train.

D'un autre côté, tandis qu'ici le gros drame se noue, grâce aux complaisances qu'on y met, les autres membres de la famille Benoîton se signalent à leur manière. Les deux jeunes filles sont allées seules aux courses dans des toilettes indescriptibles. Camille est enlevée par son cousin, Jeanne est insultée. Le collégien est arrêté pour scandale public. Fanfan, qui fait ses premières armes, se grise comme le dernier des habitants de Varsovie, et rentre sur ce refrain.

> C'est Fanfan qui s'avance...
> Fan...

Le père toujours positif et pratique, mais généralement mal informé, discute très tranquillement les conditions d'un contrat de mariage pour sa fille Camille, pendant que celle-ci fuit avec son ravisseur. C'est dans cette scène que Formichel fils suppute à haute voix, en les notant sur son carnet, les chances d'apoplexie qu'a son beau-père, celui-ci étant présent et écoutant. Nous retrouvons partout et toujours le tact et la politique de *Nos Intimes*.

Au quatrième acte, on est chez Mme Clotilde d'Évry qui remplit tout le temps le rôle de la mouche du coche, et qui ne s'est distinguée jusque-là que par une invocation parfaitement ridicule à Sainte-Mousseline.

Champrosé fait visite à sa cousine. « L'avez-vous vue, — elle? » — C'est de Mme Didier qu'il parle. — « Oui, répond Clotilde. » — « A-t-elle parlé? » — « Non. » — Alors, je ne dirai rien non plus. — « Mais si Didier vous interroge à nouveau? — « Je ne répondrai pas; j'ai fait un serment, je ne puis être parjure. » — « On pourrait lui dire : Qui vous forçait à le faire, puisque l'aveu de la vérité mettait tout le monde d'accord? » — « Si le mari vous provoque en duel? » — «Parbleu! je me battrai. » Palpitant de logique.— « Mais s'il survenait quelque accident, reprend-il, vous remettriez ces trois lettres à Mme Didier. » Et sur ce, le Champrosé, digne fils d'un héros, sort solennellement en levant ses yeux au plafond.

Tout autre individu, moins fils de preux et jouissant de sa raison, dirait tout simplement à sa cousine : « Mais au fond de tout cela, ma chère, il n'y a rien qu'une inconséquence. Et ces lettres en font foi. Point. L'imbroglio doit marcher son train jusqu'au dénouement. A peine parti, Didier entre. Il est au désespoir, il se lamente. Sa petite fille n'est pas à lui, c'est l'odieux Champrosé qui en est le père. Clotilde le rassure avec cette délicatesse de touche qui la caractérise.—« Pour ça, je vous jure que c'est faux! » exclame-t-elle avec véhémence.

C'est le comble du comique. Cette affirmation, bien qu'énergique, ne paraît pas suffisamment péremptoire à Didier. Il demande une autre preuve. Grâce à la négligence de Clotilde, les lettres apportées par Champrosé sont restées sur un guéridon par un oubli peu vraisemblable; elle les aperçoit et veut les faire disparaître; car le malheureux Didier arpente le salon comme le fait un tigre dans sa cage. Elle s'y prend si gauchement que Didier ne doute pas que ces lettres ne le concernent. Il la supplie de les lui donner. Clotilde soutient que ces lettres lui sont personnelles. Didier veut s'en emparer, Clotilde les lui arrache et les jette au feu.—Si vous avez brûlé ces lettres, lui dit Didier, c'est qu'elles sont la preuve de la culpabilité de ma femme. Et il s'en va éperdu.

Une fois parti, sa femme entre par une autre porte. Décidément, elle va parler, tout avouer, ce n'est pas dommage! Elle affirme qu'elle est innocente et prie Clotilde d'aller chez Champrosé réclamer les trois lettres qui sont pour elle un témoignage de sa vertu. — Ces lettres, je les ai brûlées! —Grand Dieu! tu m'as perdue, hurle Mme Didier.

J'avais bien raison de dire, au début, que Mme d'Evry n'intervenait dans la pièce que pour y faire des sottises. Voici donc les preuves d'innocence anéanties. Comment en reconstituer d'autres. Nous connaissions trop bien les trucs de M. Sardou pour douter, un seul instant, qu'il fut embarrassé. Fort tranquille, nous attendions le cinquième acte.

Avant de nous y embarquer, nous ferons observer à nos auditeurs que, malgré cette multiplica-

tion de malheurs, d'accidents qui frappent la famille :
enlèvement d'une fille, adultère de l'autre, in-
carcération du jeune fils, madame Benoîton a jugé
à propos de ne jamais rentrer. Je ne sais même
pas si dans une féerie, celui qui l'écrit se permet-
trait de pousser l'invraisemblance à ce point.

Au dernier acte, Didier, gémissant de plus belle,
va de rechef trouver Clotilde. Il n'a plus voulu voir
l'enfant qu'il croit n'être pas le sien. Il va partir bien
loin, bien loin. Clotilde recommence ses prédications
sans aucun succès. Autre visite de Champrosé. Ses
visites pleuvent. Ce garçon, fils des preux, est stu-
pide, c'est vrai, mais il est d'une politesse irrépro-
chable. Clotilde, toujours avisée, a une inspiration
soudaine. Elle dit à l'oreille de Didier : Contenez-
vous, vous allez voir que votre femme est pure.
Didier se contient. Alors Clotilde a recours a une
vieille ficelle tirée du répertoire de défunt Salomon.
S'adressant à Champrosé, elle lui dit : Aujourd'hui
aucune explication n'est possible entre vous deux ;
un grand malheur vient d'arriver à M. Didier. Sa fille...
—Ma fille, reprend Didier chez qui la voix du sang
se réveille, est malade?.... — Non... elle est... morte!
— Morte ! s'écrie Didier au désespoir. — Ah !
monsieur, fait Champrosé, avec une compassion
cérémonieuse, quel affreux malheur ! Clotilde
triomphante dit tout bas à Didier : Et c'est un père,
ça ! L'opéré de la cataracte ne recouvre pas plus
vite la lumière que Didier. Le fait est, se dit-il, à
lui-même, que ça ne doit pas être un père. Donc
c'est moi qui suis le vrai père ! Un moins crédule
pourrait objecter, à la vérité, qu'un monsieur qui
établit une liaison de cette nature avec une femme

mariée, ne poursuit aucun rêve de paternité et de descendance ; il a cherché un plaisir dégagé de toute responsabilité, de toute charge. Puis, lors même qu'il en aurait quelque souci, vivant de compte à demi avec le mari pour la possession du même objet, il aurait autant d'incertitude sur cette paternité que le mari lui-même. Mais comme tous les personnages de M. Sardou appartiennent indistinctement à cette antique et vénérable famille des *Gribouille,* dont l'ancienneté légendaire fait pâlir la plus vieille noblesse, Didier est convaincu, sans retour possible de défiance, de la candeur et de la vertu de son épouse. Inutile d'ajouter aussi que l'escapade de la jeune Camille enlevée n'a aucune suite regrettable, qu'elle est rendue à sa famille parfaitement immaculée, et que Mme Benoîton continue d'être sortie.

Nous avons été à même de constater pour la troisième fois, elle ne sera pas la dernière, car le même fait se reproduit dans *Maison Neuve,* que les femmes honnêtes, chez M. Sardou, se donnent toutes les peines du monde pour faire croire qu'elles ne le sont pas. Avec tous ces imbroglios mal conçus et mal conduits, l'auteur de *Rabagas* prétend qu'il joue avec la difficulté. La vérité est qu'il se joue du public.

Parvenus à ce point, nous allons toucher à une autre phase de la carrière dramatique de M. Sardou.

Par un singulier hasard, l'auteur des pièces grotesques que nous avons essayé d'analyser eut l'idée de parler de la Patrie. Il est vrai qu'il ne s'agissait pas de la sienne, il ne se croyait pas engagé. Il était question des Flandres en 1568 ; à trois cents ans de distance, il se sentait à l'aise et ne pensait pas se compromettre.

Pourquoi avait-il choisi ce sujet de préférence à un autre? C'était parce qu'il cherchait un autre filon de succès et de gain. Il n'était pas fâché non plus de donner au public une haute opinion de ses facultés et de la souplesse de son talent. A son tour, il était désireux de se mesurer avec les grands sentiments, les grandes situations et les grandes scènes qui ont illustré à jamais les génies de notre théâtre. Il essaya, enfin, de contrefaire le sublime. Il n'ignorait pas qu'à cet effet, il lui fallait quitter la sphère mesquine des intérêts privés pour aborder la sphère plus vaste des intérêts collectifs et généraux.

Il savait aussi que l'histoire renferme certains épisodes qui se détachent comme des points lumineux sur un fond lugubre et sanglant. Que ces épisodes abondent en grands caractères, en grands actes, en grandes paroles, et qu'ils correspondent nécessairement à ces temps où les hommes luttent pour la Patrie et la Liberté.

Or, les transporter à la scène, c'est être sûr, à l'avance, d'émouvoir le public et de remporter une victoire.

Victoire au théâtre est synonyme d'argent.

M. Sardou lut et relut la conspiration des Flandres contre la domination espagnole. Domination imbécile, domination de superstitions, de ténèbres et de terreur. Il s'efforça de s'assimiler ce langage sobre, austère, bien qu'enthousiaste des réformés; il fit sur le tout une sorte de placage de Shakespeare, de Victor Hugo; certaines tirades sont évidemment, quant à la coupe, imitées d'*Angelo*. Il donna, en un mot, autant qu'il le put les simulacres de l'émotion. Sans doute, l'inconsistance de son esprit le trahit quand même dans les scènes les plus capitales. Jamais un auteur sérieux et convaincu n'eut commis des fautes si choquantes et si grossières.

Imagine-t-on un conjuré compromettant la conjuration entière dans un instant où il faut déployer le plus de prudence, le plus d'habileté et le plus de dissimulation, pour la simple gloriole de faire une tirade sur son épée flamande. Et cela en présence du duc d'Albe, le sinistre *alter ego* de Philippe II!! Seulement, grâce à la grandeur du sujet et en dépit de ces taches, *Patrie* conquit la faveur publique et réussit complètement.

Fort bien jusque là. Malheureusement, M. Sardou n'avait pas prévu l'avenir bien que spirite, et il est à supposer du moins qu'il fut mal renseigné par les esprits, car juste un an plus tard, ce n'était plus les Flandres qui étaient en jeu, mais bien la France elle-même, la patrie de M. Sardou. Il allait à son tour ouvertement entrer dans le patriotisme pour son compte. Nous allions avoir le pendant de *Patrie*.

Vous vous rappelez tous, n'est-ce pas, quelle était notre situation quand parut *Rabagas?* Il serait donc superflu de vous la dépeindre. Les cadavres de nos soldats avaient jonché les champs de bataille, les tonnes d'or étaient expédiées au vainqueur. Et cependant celui-ci inassouvi, non satisfait, exigeait encore, — nouveau Shilok, — de notre chair vive : l'*Alsace*, la *Lorraine!* Et nous, nous en étions réduits à accepter, que dis-je, à subir ces horribles conditions.

Eh bien, ce n'était pas encore assez de martyre.

Cette accumulation de désastres, de massacres, de malheurs et de ruines s'aggravait encore du poids de l'ironie et du dédain qu'on nous déversait de toute part.

Ah! vous n'avez pu l'oublier! on nous appelait *les dégénérés, les dégradés, les corrompus*. La contagion du mépris marche vite, et nous étions si accablés, si abattus, qu'elle nous gagna à notre tour.

Oui, nous étions près de ratifier cet odieux jugement! Oui, nous avons failli douter de nous-mêmes, et de l'avenir de la France!

Cependant, rester dans cet état de marasme était impossible, il fallait, à tout prix, reprendre les apparences du mouvement, de l'activité sociale. On rouvrit les théâtres, on eût voulu les voir fermés à jamais. On reprit de vieilles pièces.

Quelques jeunes auteurs avaient bien eu l'idée de retracer, à la scène, les anxiétés, les angoisses, les privations, les dévouements du siége. De toute part, les épisodes héroïques pleuvaient. Ces projets étaient impossibles à réaliser. La prudence politique, de plus une certaine pudeur de ne point étaler nos souffrances et nos infortunes en un lieu dit de délassement et de plaisir, nous interdisait toute manifestation de ce genre. Les grandes douleurs nationales ont pour premier deuil, la dignité du silence.

Cependant, il y avait quelque chose à faire, une œuvre à tenter : le relèvement des courages. Et ceux qui avaient le bonheur de jouir de la faveur publique, d'avoir à leur discrétion les directeurs et leurs salles de spectacles, devaient les premiers l'entreprendre.

S'il n'était pas permis de reproduire les événements actuels, il n'était pas du moins défendu de fouiller dans le passé ; de remettre au grand jour de la publicité les crises, pires peut-être que celle dans laquelle nous nous trouvions, où la France s'était relevée par l'énergie et l'abnégation de la nation tout entière. C'était une façon déguisée d'évoquer ses concitoyens : relevons-nous, redressons-nous. Vingt ans d'un joug corrupteur n'ont pu effacer en nous les caractères de notre race !

Et mettons-nous bien dans l'esprit qu'il n'y avait aucun risque, aucun danger à courir. Il n'y avait qu'à obtenir un succès honorable, à rendre un service largement payé par la poche des spectateurs qui eussent afflué au bureau.

M. Sardou, digne patron de Formichel, en industriel habile, comprit qu'il y avait là une mine à exploiter. Sans doute, j'ai fait *Patrie* autrefois, se dit-il, j'ai préconisé les grands patriotes qui affrontent l'échafaud et le bûcher pour sauver leurs pays. Je leur ai même prêté de belles tirades. Mais elles n'ont été prononcées d'ailleurs qu'à la Porte-Saint-Martin, c'est sans conséquence. Autres temps autres mœurs ! Il me faut aujourd'hui un succès certain, que la pièce soit bonne ou mauvaise. Le moyen infaillible est de mettre les partis aux prises. Inaugurons un *théâtre de combat*. Je vais d'abord m'appuyer, en toute prudence, sur le parti qui me semble avoir le plus de chances de réussir.

Tel fut le plan de *Rabagas* : dénigrer, ravaler la démocratie au profit de l'aristocratie. Prouver que l'aristocratie était tout honneur, toute grandeur d'âme, tout désintéressement, toute bienveillance, tout savoir, toute distinction. Tandis que la démocratie était tout envie, toute bassesse, toute vénalité, toute vulgarité, tout infamie.

Malheureusement, l'exécution littéraire de *Rabagas* ne justifie en rien l'intention de son auteur; aristocratie et démocratie y parlent le même langage plat, trivial, incorrect. On voit très-bien que le *Prince de Monaco* et *Rabagas* ont appris la même grammaire. C'est que, pour cette fois seulement, M. Sardou n'a emprunté à personne. Il a tenu, par exception, à s'inspirer de lui-même. Et comme il n'avait qu'un style à sa disposition, le sien, il l'a mis au service de deux causes. Et il faut avouer que celle qu'il soutenait en a cruellement souffert. En bas, on voyait un vil intrigant, en haut un viveur imbécile; franchement l'un valait l'autre.

Mais la gravité du fait ne réside pas là. M. Sardou, en homme prudent qui veut parer à toutes les éventualités possibles, avait ménagé comme bouquet, comme mot final, comme dernière fusée, comme *O muthos Deloye* une injure non plus à un parti, mais à la France entière.

Suivant l'auteur, la France est le seul pays où les âmes tarées, gangrenées, les *Rabagas* enfin, peuvent réussir et faire fortune.

Ah! cette sortie dût être bien douce au cœur du César allemand ! !

Il ne suffisait pas qu'un empereur rendit son épée à Sedan, qu'un maréchal de France livra deux cent

mille hommes à l'ennemi ; comme dernière humilia-
tion, il nous était réservé de voir un auteur français
tremper sa plume dans la boue et insulter son pays.

Et notez que cet écrivain Français ne doit sa réputation, sa richesse, son château, sa collection
d'art qu'à la faveur, qu'aux applaudissements du
public Français, du public de *Paris*, Paris cette
sentine comme on l'appelait là-bas. N'est-on pas en
droit de lui dire : si la France fait la fortune des
coquins, comment donc y avez-vous fait la vôtre ?

Peut-être trouverez-vous que j'attache trop
d'importance à une pièce de théâtre.

Mais songez que *Rabagas* a été joué à l'étranger,
et qu'au delà du Rhin nos vainqueurs se frottaient
les mains en disant : voici les Français *peints par
eux-mêmes*. Non-seulement, vaincus, envahis, ils se
sont battus entre eux, mais les voici aujourd'hui
tombés tellement bas, qu'ils s'insultent eux-mêmes
et crachent sur leur pays. Et sans cela, croyez-vous
que je serais venue vous parler de M. Sardou ! Eh
que m'importait son théâtre, ses pièces ! Ah ! j'au-
rais choisi un autre sujet ou j'eusse gardé le silence.
Mais, il y a eu un mensonge prononcé, et un blas-
phème porté à la grande idée de *Patrie :* idée inspi-
ratrice et génératrice des plus grands actes de l'humanité.

Cette idée de *Patrie* qui nous arrache à notre
égoïsme personnel et familial ; qui élargit pour
nous l'horizon des sacrifices, et nous prépare à des
destinées plus hautes.

Non, je n'ai point ce chauvinisme étroit ; non je
n'ai point ce *népotisme* national, — permettez-moi
cette expression, qui n'admire et n'aime son pays

qu'au détriment de celui des autres. Dieu merci! Depuis peu, mais malheureusement sans résultats encore appréciables, notre conscience commence à percevoir la loi de solidarité, et à détester ces guerres horribles où les patries sont minées, mutilées, écrasées et où des siècles de civilisation s'engloutissent dans les horreurs d'un bombardement.

Le cri de Patrie, d'où qu'il vienne, remue profondément notre âme. Que ce navigateur intrépide expire dans les glaces des pôles en criant : Vive la vieille Angleterre! Que ce débris d'un peuple martyr exhale dans les déserts de la Sibérie : Vive la Pologne! Que ce dernier salut qu'envoie l'être humain à sa terre natale sorte de la Grèce, de Rome, des Flandres ou de notre France bien-aimée, il trouve partout un écho et retentit dans l'Univers!

Ah! c'est que l'idée de Patrie ne vient pas seulement de l'éducation et de la tradition, elle n'est ni factice, ni adventice, elle est innée. La nature l'a placée en nous : elle prend ses racines au plus profond de notre être.

Oui, il y a adhérence entre nous et le sol qui a été le berceau de notre famille et le nôtre. Oui, il y a des liens physiologiques intimes, directs entre notre organisme et le climat où toute une lignée d'individus, nos ancêtres, se sont transmis la vie de génération en génération. Notre constitution, notre caractère, notre type en portent l'empreinte visible : empreinte indélébile que les voyages, l'exil, l'émigration et la naturalisation même ne peuvent faire entièrement disparaître. A toutes ces attaches naturelles, matérielles viennent bientôt s'en ajouter d'autres d'un ordre supérieur.

Quand notre conscience se forme et que nous exprimons dans la langue maternelle, nationale nos premières impressions, nos premiers sentiments, nos premiers désirs, qu'enfin peu à peu nous élevant dans la sphère des idées, nous comprenons que si cette langue est venue jusqu'à nous si complète, si pure, si claire, si précise, si élégante, il a fallu les recherches, les efforts, les labeurs, les études de toute une succession de savants, de penseurs, d'écrivains qui ont fait la chaîne de siècle en siècle pour nous la transmettre dans tout son éclat et dans toute sa beauté ! Un frémissement de gratitude parcourt tout notre être. Et, ce n'est pas tout. Lorsque nous nous initions aux grandeurs de notre histoire et que nous voyons défiler devant nous ce cortège imposant et illustre de héros, d'héroïnes, de martyrs, de génies, ah ! alors, nous ne sommes plus seuls, nous nous sentons solidaires et nous comprenons que si nous valons quelque chose, c'est grâce à cette accumulation gigantesque de mérites, de sciences, de vertus et de dévouements. Et ce qu'ont fait pour nous ceux qui nous précèdent, nous dicte ce que nous devons faire pour ceux qui nous suivent.

Et c'est ainsi que dans la hiérarchie des sentiments, l'amour de la Patrie, plus noble, plus élevé que l'amour de la famille, a pour faîte et pour couronnement l'amour de la justice et de l'humanité.

Paris. — Imp. V. Fillion et Cie, rue des Martyrs, 18 et 18 bis.

IMPRIMERIE V. FILLION ET C*, RUE DES MARTYRS, 18

www.ingramcontent.com/pod-product-compliance
Lightning Source LLC
LaVergne TN
LVHW022141080426
835511LV00007B/1208